A Crabtree Roots Book
Collection Crabtree « Les racines »

Farm Animal Friends

Nos Amis Les Animaux de la Ferme

GOATS
LES CHÈVRES

AMY CULLIFO

Crabtree Publishing

crabtreebooks.com

School-to-Home Support for Caregivers and Teachers

This book helps children grow by letting them practice reading. Here are a few guiding questions to help the reader with building his or her comprehension skills. Possible answers appear here in red.

Before Reading:

- What do I think this book is about?
    - *This book is about goats.*
    - *This book is about goats on farms.*

- What do I want to learn about this topic?
    - *I want to learn what goats eat.*
    - *I want to learn what colors a goat can be.*

During Reading:

- I wonder why...
    - *I wonder why goats like to eat hay.*
    - *I wonder why goats like to jump.*

- What have I learned so far?
    - *I have learned that goats can be different colors.*
    - *I have learned that some goats make milk.*

After Reading:

- What details did I learn about this topic?
    - *I have learned that goats can be white or brown.*
    - *I have learned that goats like to eat hay.*

- Read the book again and look for the vocabulary words.
    - *I see the word **hay** on page 8 and the word **milk** on page 10. The other vocabulary words are found on page 14.*

Soutien de l'école à la maison pour les gardien(ne)s et les enseignant(e)s.

Ce livre aide les enfants à se développer grâce à la pratique de la lecture. Voici quelques exemples de questions pour aider le(a) lecteur(-trice) à développer ses capacités de compréhension. Des suggestions de réponses sont indiquées en rouge.

Avant la lecture

- De quoi ce livre parle-t-il?
    - *Ce livre parle des chèvres.*
    - *Ce livre parle des chèvres qui vivent sur une ferme.*

- Qu'est-ce que je veux savoir sur ce sujet?
    - *Je veux savoir ce que mangent les chèvres.*
    - *Je veux savoir de quelles couleurs peut être une chèvre.*

Durant la lecture

- Je me demande pourquoi...
    - *Je me demande pourquoi les chèvres aiment manger du foin.*
    - *Je me demande pourquoi les chèvres aiment sauter.*

- Qu'est-ce que j'ai appris jusqu'à présent?
    - *J'ai appris que les chèvres peuvent être de différentes couleurs.*
    - *J'ai appris que certaines chèvres donnent du lait.*

Après la lecture

- Nomme quelques détails que tu as retenus.
    - *J'ai appris que les chèvres peuvent être blanches ou brunes.*
    - *J'ai appris que les chèvres aiment manger du foin.*

- Lis le livre à nouveau et recherche des mots de vocabulaire.
    - *Je vois le mot **foin** à la page 8 et le mot **lait** à la page 11. Les autres mots de vocabulaire se trouvent à la page 14.*

This is a **goat**.

Voici une **chèvre**.

Some goats
are white.

Certaines chèvres
sont blanches.

Some goats are brown.

Certaines chèvres sont brunes.

Goats like to eat **hay**.

Les chèvres aiment manger du **foin**.

Some goats make **milk**

Certaines chèvres donnent du **lait**.

All goats like to jump!

Toutes les chèvres aiment sauter!

Word List

Sight Words

a
all
are
brown
eat
is
jump
like
make
some
this
to
white

Liste de mots

Les mots utilisés

aiment
blanches
brunes
certaines
donnent
du
les
manger
sauter
sont
toutes
une
voici

Words to Know

goat

hay

milk

La boîte à mots

chèvre

foin

lait

26 Words

This is a **goat**.

Some goats are white.

Some goats are brown.

Goats like to eat **hay**.

Some goats make **milk**.

All goats like to jump!

27 mots

Voici une **chèvre**.

Certaines chèvres sont blanches.

Certaines chèvres sont brunes.

Les chèvres aiment manger du **foin**.

Certaines chèvres donnent du **lait**.

Toutes les chèvres aiment sauter!

Farm Animal Friends

Nos Amis Les Animaux de la Ferme

GOATS LES CHÈVRES

Written by/Autrice: Amy Culliford
Designed by/Conception: Rhea Wallace
Series development/Développement des séries: James Earley
Proofreader/Relectrice: Kathy Middleton
Educational consultant/Conseillère pédagogique: Christina Lemke M.Ed.
Translated by/Traduction: Claire Savard

Photographs/Photographies:
Shutterstock : fs24: couverture (haut à gauche); Nataliia Melnychuk: couverture (haut à droite); oorka: couverture (en bas); 2xSamara.com: p. 1; Khort Esther Tatiana: p. 3, 14; Anton Havelaar: p. 4; Gelphi: p. 7; Janis Petranis: p. 9, 14; DenysR: p. 10-11, 14; Grigorita Ko: p.13

Crabtree Publishing

crabtreebooks.com 800-387-7650

 In Canada: We acknowledge the financial support of the Government of Canada through the Canada Book Fund for our publishing activities.

 Au Canada : Nous reconnaissons l'appui financier du gouvernement du Canada par l'entremise du Fonds du livre du Canada pour nos activités de publication.

Published in Canada
Publié au Canada
Crabtree Publishing
616 Welland Ave.
St. Catharines, Ontario
L2M 5V6

Published in the United States
Publié aux États-Unis
Crabtree Publishing
347 Fifth Avenue,
Suite 1402-145
New York, NY, 10016

Paperback 978-1-0398-5095-8
Ebook (pdf) 978-1-0398-5137-5
Epub 978-1-0398-5179-5

Printed in Canada/122023/CP20231124

Library and Archives Canada Cataloguing in Publication
Available at the Library and Archives Canada

Library of Congress Cataloging-in-Publication Data
Available at the Library of Congress